Inhalt

REACH - Die neue EU-Chemikalienverordnung

Kernthesen

Beitrag

Fallbeispiele

Weiterführende Literatur

Impressum

REACH - Die neue EU-Chemikalienverordnung

I.Zeilhofer-Ficker

Kernthesen

- Die Ende Oktober von der EU-Kommission gebilligte neue EU-Chemikalienverordnung verlangt die zentrale Registrierung von allen Chemikalien, die in Mengen von über einer Tonne pro Jahr produziert werden.
- Für potentiell gefährliche Stoffe werden umfangreiche Testreihen und Sicherheitsdaten verlangt.
- Auf die europäische Wirtschaft werden dadurch in den nächsten Jahren Kosten von mindestens 2,3 Mrd. Euro zukommen.
- Vor In-Kraft-Treten muss die Verordnung allerdings das Europaparlament und den Ministerrat passieren, was sicher nicht ohne

Änderungen vor sich gehen wird.

Beitrag

Gründe für REACH

Über 100.000 verschiedene Chemikalien werden in den Ländern der EU verarbeitet. Viele davon können Krankheiten wie Krebs, Asthma, Haut- oder Nervenleiden verursachen. Asbest und Dioxin haben durch ihre falsch eingeschätzte Gefährlichkeit eine traurige Berühmtheit erlangt. Immer wieder liest man von giftigen Chemikalien, die in der Muttermilch, in den Organen von Walen oder Eisbären gefunden werden. (1)

Es ist unbestritten, dass manche chemischen Stoffe für die Gesundheit von Mensch und Tier und die Umwelt gefährlich werden können. Die Politiker versuchen deshalb mit Verordnungen und Gesetzen, die Gesundheitsrisiken durch chemische Produkte so weit wie möglich zu minimieren. Seit 1981 müssen deshalb alle neuen chemischen Stoffe vor der Zulassung auf Gesundheitsgefahren geprüft und die Testergebnisse registriert werden. (2)

Eine Grauzone bilden bisher sogenannte Altstoffe,

also Chemikalien, die vor 1981 auf den Markt gebracht wurden. Von vielen davon weiß man bis heute nicht, ob sie für Mensch oder Tier eine Bedrohung darstellen oder nicht. (1)

Diese Lücke soll mit REACH, der Verordnung zur Registrierung, Evaluierung und Autorisierung von Chemikalien geschlossen werden. Sie soll künftig für alle Substanzen gelten, von denen mehr als eine Tonne pro Jahr und Hersteller produziert oder importiert wird. Besonders gefährliche Substanzen sollen ganz vom Markt genommen werden, sofern es ungefährlichere Alternativprodukte gibt. (3)

Von den vorgesehenen Tests für potenziell gefährliche Stoffe erwartet man sich mehr Informationen über bisher unbekannte Risiken für Gesundheit und Umwelt. Durch die daraus folgenden schärferen Verarbeitungsrichtlinien und eventuellen Verboten sollen Einsparungen im Gesundheitsbereich von bis zu 30 Milliarden Euro erreicht werden. (5)

Weil die Zulassung für neue Chemikalien bisher durch die Prüf- und Testvorschriften aufwendiger war als die Verwendung von Altchemikalien, hat sich die europäische Chemieindustrie in den letzten Jahren auf Altstoffe konzentriert und weit weniger Produktneuentwicklungen durchgeführt als beispielsweise die USA. Die EU-Politiker erhoffen sich von REACH, dass durch die Gleichstellung von alten und neuen chemischen Stoffen die Innovationsbereitschaft der europäischen Chemieunternehmen steigt und die Marktposition auf dem Weltmarkt gefestigt wird. (1)

Basierend auf diesen Fakten erstellte die europäische Kommission im Frühling 2001 ein Weißbuch zur Neuordnung der Chemikalienpolitik, das als Basis für REACH diente. Im Mai 2003 wurde der erste Entwurf der Chemikalien-Verordnung vorgestellt, der aber sowohl von Industrie als auch von führenden Politikern der EU vor allem wegen der prognostizierten, immensen Kosten für die Wirtschaftunternehmen abgelehnt wurde. (3), (5)

Nach umfangreichen Internetkonsultationen, die insgesamt 6400 Antworten vor allem aus der Chemieindustrie lieferten, wurde der erste Entwurf überarbeitet und die Ende Oktober 2003 von der EU-Kommission gebilligte, entschärfte Version vorgelegt. (7)

Der aktuelle REACH-Entwurf

Produkte

Etwa 30.000 Produkte sind von der geplanten Chemieverordnung betroffen. Das heißt alle Altstoffe, die vor 1981 auf den Markt gebracht wurden und noch im Umlauf sind, müssen registriert werden, wenn davon mehr als 1 Tonne pro Jahr und Hersteller produziert oder importiert wird. Ausgenommen davon sind nur Polymere und Zwischenprodukte. (4)

Als Entlastung für mittelständische Unternehmen wurden im letztlich gebilligten Entwurf die Auflagen für Produkte gelockert, die in Mengen von 1 bis 10 Tonnen produziert oder importiert werden. Sicherheitsprüfungen sowie Bewertungen/Evaluierungen sind demnach nur noch notwendig, wenn mehr als 10 Tonnen pro Jahr in den Umlauf gelangen oder wenn erhöhter Anlass zur Besorgnis besteht. Laut Schätzungen der EU dürfte es sich dabei um ca. 10.000 Substanzen handeln. (3), (6)

Für 1.500 Substanzen muss eine ausdrückliche Zulassung erfolgen. Dabei handelt es sich um Chemikalien, die bestimmte gefährliche Eigenschaften haben oder aus anderen Gründen erhöhten Anlass zu Besorgnis geben. (3)

Die Regelungen werden einheitlich für neue und alte

Stoffe gelten, sodass die Hemmschwelle für Produktneuentwicklungen durch die bisher höheren Prüfvorschriften für Neuprodukte entfällt. Die EU-Politiker hoffen dadurch auf einen Innovationsschub in den europäischen Chemieunternehmen. (3)

Zeitrahmen

Da nicht erwartet werden kann, dass die erforderlichen Daten und Testergebnisse für alle Produkte innerhalb kürzester Zeit verfügbar sind, sieht die Verordnung eine zeitliche Abstufung nach Produktionsmengen vor. So sollen zuerst die Produkte registriert und geprüft werden, von denen mehr als 1.000 Tonnen pro Jahr produziert werden, dann folgen Substanzen mit Produktionsmengen zwischen 100 und 1.000 Tonnen und als letztes Substanzen mit einer Produktion von weniger als 100 Tonnen. Insgesamt soll den Betrieben bis Ende 2012 Zeit gegeben werden, um alle Registrierungen und Prüfungen vorzunehmen. (3)

Ob sich der vorgegebene Zeitrahmen einhalten lässt, ist aber hauptsächlich davon abhängig, wie schnell sich der Verordnungsentwurf in geltendes Recht umsetzen lässt.

Zuständigkeit

War es bisher Sache der Behörden zu beweisen, dass von einem Produkt eine Gefährdung ausgeht, so soll mit dem neuen Chemikalienrecht die Beweislast erstmals an den Hersteller bzw. den Verwender übergehen. Das heißt, das produzierende oder verarbeitende Unternehmen muss die erforderlichen Unterlagen wie Sicherheitsdatenblätter, physikalisch-chemische und toxikologische Daten beibringen und den zuständigen Behörden zur Verfügung stellen. (3)

Das Unternehmen muss notwendige Tests und Prüfungen veranlassen und trägt die Kosten dafür. Bei potenziell gefährlichen Stoffen muss Verwendungszweck und Abnehmer gemeldet und bewiesen werden, dass die Substanz "kontrollierbar" ist. Eine angemessene Kontrolle muss von den Unternehmen garantiert werden. (3), (8)

Entgegen dem Willen von Verbraucherschützern und Umweltverbänden wurde der Passus gestrichen, in dem zwingend vorgeschrieben war, dass gefährliche Substanzen vom Markt genommen werden müssen, wenn es ungefährlichere Alternativprodukte dafür gibt. Bestehen bleibt aber die Möglichkeit, besonders gefährliche Stoffe unter bestimmten Umständen ganz zu verbieten. (8)

Zuständig für die Registrierung, Zulassung und Überwachung der Chemikalien soll künftig eine neu zu schaffende zentrale europäische Chemie-Agentur sein. Sie soll umfassende Befugnisse erhalten und sicher stellen, dass die Registrierung und Zulassung von Produkten in allen EU-Ländern gleich behandelt wird. Durch die Zentralisierung erwartet man sich außerdem einen höheren Schutz von sensiblen und vertraulichen Geschäftsinformationen wie zum Beispiel Rezepturen oder Kundenangaben. (6)

Gründe, die gegen REACH sprechen

Nach der Vorstellung des ersten Entwurfs im Mai 2003 sind vor allem Vertreter der Industrie aber auch führende Politiker auf die Barrikaden gegangen. Kosten von bis zu 26 Milliarden Euro wurden veranschlagt, der Verlust von bis zu 2 Millionen Arbeitsplätzen befürchtet. Selbst wenn diese Zahlen zu hoch gegriffen waren, so hätte man doch mit signifikanten Auswirkungen auf Europas Wirtschaftsleistung rechnen müssen. (9), (10)

Nach der Entschärfung der Verordnung wurden die finanziellen Auswirkungen neu überprüft und von der

EU mit ca. 2,3 Milliarden Euro in einem Zeitraum von 11 Jahren beziffert. Diese Zahl wird von Industrievertretern nach wir vor als zu niedrig angesehen und man befürchtet vor allem bei Unternehmen des Mittelstandes Kosten, die deren Existenz bedrohen können. Einer Studie zufolge, die vom deutschen Chemieverband in Auftrag gegeben wurde, müsste allein in der BRD mit Mehrkosten von 43 Milliarden Euro gerechnet werden. (10)

Da die Prüf- und Registrierungskosten auf die Verkaufspreise durchschlagen werden, befürchtet man Wettbewerbsnachteile auf dem Weltmarkt, vor allem gegenüber Produkten aus den USA oder Asien. Auch ist mit Zeitverlusten bei Produktneueinführungen, vor allem bei weiterverarbeitenden Industrien wie der Textil- oder Elektrobranche, zu rechnen. (10), (11)

Bemängelt wird auch die Notwendigkeit von vermehrten Tierversuchen, die durchgeführt werden müssen, um den Prüfvorschriften nachzukommen. (5)

Kritik kommt auch aus den USA, wo man durch die hohen Sicherheitsanforderungen eine "Abschottung" des europäischen Marktes gegenüber Importprodukten befürchtet. (12)

Fallbeispiele

Einen höchst persönlichen Beweis für die Notwendigkeit von weitergehenden Chemikalien-Vorschriften lieferte jüngst die federführende EU-Kommissarin Wallström. Sie ließ Ihr Blut auf Spuren von insgesamt 77 Stoffen untersuchen. Neben Flammschutzmitteln fand man darin auch Spuren von Pestiziden wie DDT und weitere 26 teils hochgiftige Stoffe. Trotzdem bescheinigten ihr Experten, dass sie nicht übermäßig schlimm vergiftet sei. (15)

Relativ gelassen sieht die europäische Düngemittelindustrie der neuen Chemieverordnung entgegen. Bereits im Frühjahr 2003 wurden die künftig vorgeschriebenen Testreihen abgeschlossen, sodass durch REACH keine zusätzlichen Kosten erwartet werden. (16)

Kritiker erwarten bis zu 20 Millionen zusätzlicher Tierversuche, um alle Altstoffe auf ihre Gesundheitsgefährdung hin zu überprüfen. Gerettet werden könnte eine Vielzahl von Versuchstieren durch die neue, von Professor Bernd Clement entwickelte Methode. Hier werden die Tests an

Schweinelebern statt an Versuchstieren durchgeführt. Eine Schweineleber kann so 200 Laborratten das Leben retten. (17)

Weiterführende Literatur

(1) Kostet der Schutz der Muttermilch Arbeitsplätze? Chef des Umweltbundesamts und BDI-Geschäftsführer streiten auf Einladung der FTD über Tests für Chemikalien
aus Financial Times Deutschland vom 21.11.2003, Seite 16

(2) Trimborn, Marion, Chemie-Verordnung muss durch Mühlen der EU, Frankfurter Neue Presse, Gemeinsame Ausgabe vom 30.10.2003, S. 6
aus Financial Times Deutschland vom 21.11.2003, Seite 16

(3) Mit Kosten ist zu rechnen
aus Entsorga Magazin 09 vom 18.09.2003 Seite 086

(4) Frau Wallström verteidigt Chemikalienstrategie
aus Lebensmittel Zeitung 41 vom 10.10.2003 Seite 036

(5) Bolesch, Cornelia, Machtkampf um EU-Chemierecht eröffnet, Süddeutsche Zeitung, 30.10.2003, Ausgabe Deutschland, S. 17
aus Lebensmittel Zeitung 41 vom 10.10.2003 Seite 036

(6) Chemieindustrie setzt sich durch Brüssel

entschärft Entwurf zur EU-Chemikalienpolitik
aus Börsen-Zeitung, 26.09.2003, Nummer 186, Seite 9

(7) Chemikalien-Politik nicht in dieser Legislaturperiode
aus Lebensmittel Zeitung 38 vom 19.09.2003 Seite 036

(8) Bolesch Cornelia / Hagelüken, Alexander, EU stellt neues Chemikalien-Recht vor, Süddeutsche Zeitung, 29.10.2003, Ausgabe Deutschland, S. 23
aus Lebensmittel Zeitung 38 vom 19.09.2003 Seite 036

(9) Weniger Kosten bei der Zulassung
aus Lebensmittel Zeitung 42 vom 17.10.2003 Seite 033

(10) Prof. Dr. Simson, Wilhelm, Chemieindustrie - Von der Waschbrettkonjunktur zur Achterbahn/Die Zeichen bei der Chemikalienpolitik stehen auf Sturm, LABO Heft 8, 2003
aus Lebensmittel Zeitung 42 vom 17.10.2003 Seite 033

(11) Zentralüberwachung für Chemikalien
aus TextilWirtschaft 45 vom 06.11.2003 Seite 064

(12) Brüssel verschärft Chemieaufsicht EU-Kommission beschließt umstrittene Richtlinie · Industrie warnt vor Wettbewerbsnachteilen
aus Financial Times Deutschland vom 30.10.2003, Seite 1

(13) Projekt auf der Kippe EU-Chemikalienverordnung
aus Capital vom 13.11.2003, Seite 10

(14) EU-Neulinge stützen Ziele der Industrie Neue Machtverhältnisse in Parlament und Ministerrat können ab 2004 zu Abstrichen beim Umweltschutz führen
aus Financial Times Deutschland vom 13.11.2003, Seite 15

(15) Romanczyk, Martin, Chemie-Cocktail lässt Wallström persönlich werden - 77 Stoffe im eigenen Blut: EU-Umweltkommissarin kämpf für eine strengere Politik gegen toxische Stoffe, Wiesbadener Kurier, Main-Taunus-Kurier vom 07.11.2003
aus Financial Times Deutschland vom 13.11.2003, Seite 15

(16) Betriebsmittel kaum teurer
aus Ernährungsdienst 85 vom 05.11.2003 Seite 001

(17) Versuche mit Leber statt Ratte
aus taz, 22.11.2003, S. 8

Impressum

REACH - Die neue EU-Chemikalienverordnung

Bibliografische Information der deutschen Nationalbibliothek

Die Deutsche Nationalbibliothek verzeichnet diese Publikation in der deutschen Nationalbibliografie; detaillierte bibliografische Daten sind im Internet über http://dnb.d-nb.de abrufbar.

ISBN: 978-3-7379-1434-5

© 2015 GBI-Genios Deutsche Wirtschaftsdatenbank GmbH, Freischützstraße 96, 81927 München, www.genios.de

Alle Rechte vorbehalten. Dieses Werk ist einschließlich aller seiner Teile – z.B. Texte, Tabellen und Grafiken - urheberrechtlich geschützt. Jede Verwertung außerhalb der Grenzen des Urheberrechtsgesetzes bedarf der vorherigen Zustimmung des Verlags. Dies gilt insbesondere auch für auszugsweise Nachdrucke, fotomechanische Vervielfältigungen (Fotokopie/Mikroskopie), Übersetzungen, Auswertungen durch Datenbanken oder ähnliche Einrichtungen und die Einspeicherung und Verarbeitung in elektronischen Systemen.